ARREPENTIMIENTO

ARREPENTIMIENTO

¿Qué significa arrepentirse,
y por qué debemos hacerlo?

J. C. RYLE

Nos encanta escuchar de nuestros lectores. Comuníquese con nosotros al sitio web: www.anekopress.com/questions-comments si tiene preguntas, comentarios, o sugerencias.

Arrepentimiento
© 2022 by Aneko Press
Todos los derechos reservados. Primera edición 1878.
Edición revisada Copyright @ 2022.
Todos los derechos reservados. Ninguna parte de este libro puede reproducirse, almacenarse en algún sistema de recuperación o transmitirse en forma alguna o por ningún medio - electrónico, mecánico, fotocopiado, grabación, u otro tipo sin el permiso escrito de la casa editora.
A menos que se indique lo contrario, las citas bíblicas de las Escrituras están tomadas de La Nueva Biblia de las Américas por The Lockman Foundation. (La Habra, CA: Casa Editorial sin fines de lucro. 2005). Todos los derechos reservados.
Usado con permiso de Life Sentence Publishing, Inc. Abbotsford, Wisconsin. Reservados todos los derechos.
Diseño de portada: Jonathan Lewis
Editor: Karin Handley
Traducido al español por Daniel Ivan Galarza-Maldonado.

Aneko Press
www.anekopress.com
Aneko Press, Life Sentence Publishing, y nuestros logos son una marca registrada de
Life Sentence Publishing, Inc.
203 E. Birch Street
P.O. Box 652
Abbotsford, WI 54405
RELIGIÓN/Ministerio cristiano/Discipulado
Libro de bolsillo ISBN: 978-1-62245-935-3
eBook ISBN: 978-1-62245-936-0
10   9   8   7   6   5   4   3   2   1
Disponible donde se venden libros.

Contenidos

Introducción ix

Sección 1: ¿Qué es el arrepentimiento? 1

Sección 2: ¿Por qué es necesario arrepentirse? 11

Sección 3: ¿Qué es lo que lleva a una persona al arrepentimiento? 23

Conclusión 35

J. C. Ryle - Una breve Biografía 49

También Por Aneko Press 55

Introducción

Si ustedes no se arrepienten, todos perecerán igualmente. – Lucas 13:3

El texto parece duro y severo a primera vista: *Si usted no se arrepiente, perecerá igualmente.* Puedo imaginar a alguien preguntando, "¿Es este el Evangelio? ¿Son estas las buenas nuevas? ¿Son estas las buenas noticias que los ministros anuncian?" *Dura es esta declaración; ¿quién podrá escucharla?* (Juan 6:60).

¿De qué labios salieron esas palabras? Salieron de los labios de Aquel que nos amó con un amor que sobrepasa todo conocimiento. Aquellas palabras salieron de Jesucristo, el Hijo de Dios. Fueron pronunciadas por Aquel que nos amó tanto que dejó los cielos por nuestra causa. Descendió a la tierra por nosotros. Él vivió una vida pobre y humilde en la tierra durante 33 años por nuestro bien. Fue a la cruz en nuestro lugar, bajó al sepulcro por nosotros y murió por nuestros pecados. Las palabras que salieron de labios como estos seguramente deben ser palabras de amor.

Después de todo, ¿qué mayor prueba de amor se puede dar para advertir a un amigo del peligro que está cercano? El padre que ama a su hijo, al verlo dirigirse hacia un acantilado le grita desesperadamente, "¡Para, detente!". La ternura del amor materno por su hijo, al ver que su niño va a echarse a la boca unas bayas venenosas grita, "¡Para, no las comas!".

Lo opuesto es la indiferencia al dejar en paz a las personas y permitirles que sigan su propio camino. Mientras que advertirles y levantar un grito de alarma es amor, amor tierno. El grito de alerta de "¡Fuego! ¡Fuego!" a la medianoche quizás sea áspero, grosero y molesto al despertarte súbitamente de tu sueño, pero ¿quién podrá quejarse si el motivo es salvar tu vida? Las palabras *si ustedes no se arrepienten, todos perecerán igualmente* pueden sonar severas al comienzo, pero son palabras de amor, y pueden advertir a las preciosas almas para que no continúen por el rumbo que lleva a la muerte.

Existen tres cosas en este texto de la Escritura a las que deseo que pongas atención:

1. La **naturaleza** del arrepentimiento: ¿Qué es?

2. La **necesidad** del arrepentimiento: ¿Por qué es necesario arrepentirse?

3. El **estímulo** hacia el arrepentimiento: ¿Qué es lo que motiva a las personas a arrepentirse?

Sección 1

¿Qué es el arrepentimiento?

Permítame ser claro y firme en este punto. No se puede pasar por alto la importancia de la pregunta. El arrepentimiento es una de las bases fundamentales del cristianismo. Encontramos la palabra arrepentimiento al menos sesenta veces en el Nuevo Testamento.

¿Cuál fue la primera doctrina que enseñó nuestro Señor Jesucristo? Nos dicen que Él afirmó: *Arrepiéntanse y crean en el evangelio* (Marcos 1:15). ¿Qué proclamaron los apóstoles cuando el Señor los envió por primera vez? *Predicaban que todos se arrepintieran* (Marcos 6:12). ¿Cuál fue la instrucción que Jesús les dio a sus discípulos cuando dejó el mundo? *Que en Su nombre se predicara el arrepentimiento para el perdón de los pecados a todas las naciones* (Lucas 24:47).

¿Cuál fue la apelación final de los primeros sermones predicados por el apóstol Pedro? *Arrepiéntanse y sean bautizados ... Arrepiéntanse y conviértanse* (Hechos 2:38; 3:19). ¿Cuál fue el resumen de la doctrina que enseñó el apóstol Pablo a los ancianos de la Iglesia de Éfeso antes de irse? Les dijo que les había *enseñado públicamente y de casa en casa, testificando solemnemente, tanto a judíos como a griegos, del arrepentimiento para con Dios y de la fe en nuestro Señor Jesucristo* (Hechos 20:20-21). ¿Cómo describió Pablo su propio ministerio al realizar su defensa ante el Gobernador Porcio Festo y el Rey Herodes Agripa? El les dijo que había enseñado a toda persona *que debían arrepentirse y volverse a Dios, haciendo obras dignas de arrepentimiento* (Hechos 26:20). ¿Qué relataron los creyentes de Jerusalén en cuanto a la conversión de los gentiles? Al oírlo dijeron: *Así que también a los gentiles ha concedido Dios el arrepentimiento que conduce a la vida* (Hechos 11:18).

¿Cuál es una de las primeras calificaciones que la Iglesia Anglicana requiere de toda persona que desea asistir a la Santa Cena del Señor? "Examinarse a sí mismo y arrepentirse verdaderamente de sus pecados". Según la Iglesia Anglicana, nadie debiera acercarse a la mesa del Señor sin arrepentirse primero. Seguramente todos estamos de acuerdo en que son serias consideraciones. Estas respuestas muestran la importancia de la pregunta que he estado formulando. Cualquier error sobre el arrepentimiento es un gravísimo error. Un error relacionado al arrepentimiento es un error que afecta los fundamentos o raíces de nuestra religión. Entonces, ¿qué es arrepentirse?, ¿cuándo podemos saber si alguien se ha arrepentido?

El arrepentimiento es un cambio concienzudo del corazón natural de una persona con respecto al pecado. Todos nacimos en pecado. Por naturaleza amamos el pecado. Nos inclinamos a pecar tan pronto podemos actuar y pensar — es tan espontáneo como lo es para los pájaros levantar vuelo y para los peces, nadar. Nunca ha habido un niño a quien hubiera que enseñarle a mentir, a ser egoísta, ser caprichoso, glotón, orgulloso, o necio. Estas cosas no se aprenden por estar en mala compañía ni con el aprendizaje gradual de semestres de estudios largos y tediosos. Estas surgen espontáneamente. Las semillas del pecado son evidentemente el producto natural del corazón. La aptitud de todos los niños hacia esas cosas malas es una inexplicable prueba de la corrupción y la caída del hombre.

Sin embargo, cuando el Espíritu Santo obra el cambio en este corazón nuestro, cuando este amor natural hacia el pecado se echa fuera, entonces el cambio que ocurre es lo que la Palabra de Dios llama "arrepentimiento". De esa persona en la que se produce el cambio se dice que "se arrepiente". Se puede decir que es una persona "penitente" o "arrepentida".

No quiero terminar con este tema así sin más. Amerita una mayor búsqueda investigativa y profunda. No es seguro afirmar generalidades cuando se trata de una doctrina como esta. Intentaré analizar el concepto de arrepentimiento por partes, desmenuzándolo delante de sus ojos. Les mostraré las partes y piezas que conforman el arrepentimiento. Trataré de describir algo de la experiencia de una persona sinceramente arrepentida.

El verdadero arrepentimiento comienza con el conocimiento del pecado. A una persona arrepentida se le abren los ojos. Puede ver lo largo y lo ancho de la santa Ley de Dios, con angustia y confusión. Ve el alcance, el enorme alcance, de sus propias transgresiones. Para su propia sorpresa, la persona descubre que ha estado enormemente engañada al considerarse buena, con un buen corazón. Se entera así que en realidad es una persona mala, culpable, corrupta y malvada ante los ojos de Dios. Su orgullo se desmorona. Sus alta estima de sí misma se derrite. Este es el primer paso en su verdadero arrepentimiento.

El verdadero arrepentimiento produce dolor por el pecado. El corazón de una persona arrepentida siente profundo remordimiento por sus pecados y transgresiones de su pasado. Está herida en su corazón al pensar que ha vivido tan necia y malvadamente. Llora por el tiempo perdido, por el mal uso de sus habilidades, por la deshonra hacia Dios y por herir su propia alma. El recuerdo de estas cosas es doloroso para el individuo. La carga de estas cosas es algunas veces insoportable. Cuando una persona se lamenta de esta manera, entonces ha comenzado la segunda etapa del verdadero arrepentimiento.

El verdadero arrepentimiento produce confesión de pecado. La lengua de una persona arrepentida se suelta. Necesita hablar con ese Dios contra quien ha pecado. Algo en su interior le dice que debe clamar a

Dios, orar a Dios y hablar con Dios sobre la condición de su propia alma. Esa persona siente la necesidad de volcar lo que hay en su corazón y reconocer sus iniquidades ante el Trono de la Gracia. Son una pesada carga que lleva dentro, y no puede guardar silencio acerca de ellas. No puede guardarse nada. No esconderá nada. Va delante de Dios, sin excusa alguna y sin tratar de justificarse. Se dispone a declarar: "Yo he pecado contra el cielo y ante Ti; mi iniquidad es grande. Dios, sé misericordioso para conmigo, ¡un pecador!¡una pecadora!". Cuando una persona confiesa sinceramente su pecado ante Dios de esta manera, ha logrado llegar a la tercera etapa del verdadero arrepentimiento.

El verdadero arrepentimiento conduce a una ruptura completa con el pecado. La vida de una persona arrepentida cambia. Su conducta diaria es completamente diferente. Reina un nuevo Rey dentro de su corazón. Ha echado a un lado a su vieja naturaleza. Anhela hacer lo que Dios ordena. Su deseo es evitar lo que Dios prohíbe. Ahora se esfuerza por evitar el pecado de todos los modos posibles. Desea batallar contra el pecado, establece guerra contra el pecado y alcanza la victoria sobre el pecado. Ya no hace lo malo. Aprende a hacer lo bueno (Isaías 1:16-17). Abruptamente corta relaciones con las malas compañías y se aparta de los malos caminos. Se esfuerza, débil como es, por vivir una vida nueva. Cuando una persona hace esto, es porque ha alcanzado la cuarta etapa en el verdadero arrepentimiento.

El verdadero arrepentimiento se muestra por sí mismo al producir en el corazón un profundo hábito

de odio a todo pecado. La mente de una persona arrepentida se convierte en una mente habitualmente santa. Aborrece lo que es malo y se aferra a lo que es bueno (Romanos 12:9). Se deleita con la Ley de Dios (Romanos 7:22). Con frecuencia fracasa en la concreción de su propio deseo de complacer y seguir a Dios. Encuentra dentro de sí un principio maligno que lucha contra el Espíritu de Dios (Gálatas 5:17). Se halla frío cuando desea ser caliente, se ve retrocediendo cuando desea avanzar, y el ocio le gana cuando quiere actuar al servicio de Dios.

Está profundamente consciente de sus propias debilidades. Gime al percibir que la corrupción le habita. Pero permanece, a pesar de todo, la tendencia general de su corazón hacia Dios y busca alejarse de todo mal. Puede decir al igual que David: *Por tanto, estimo rectos todos Tus preceptos acerca de todas las cosas, y aborrezco todo camino de mentira* (Salmos 119:128). Cuando una persona puede decir esto, ha llegado al quinto paso que corona al verdadero arrepentimiento.

¿Acaso está completo ahora el cuadro del arrepentimiento? ¿Puedo dejar el tema aquí y seguir adelante? No puedo hacerlo. Todavía queda una cosa más que no hay que olvidar. Si no menciono esto, podría entristecer los corazones que Dios no desea que estén tristes, y levantar aparentes barreras entre las almas de las personas y el cielo.

El verdadero arrepentimiento, como el que he descrito recién, nunca está solo en el corazón de nadie. Siempre está acompañado — un acompañamiento bendecido. Es el acompañamiento continuo de la activa fe en nuestro Señor y Salvador Jesucristo. Dondequiera que esté la fe, allí se encuentra el arrepentimiento. En el lugar donde está el arrepentimiento, también está la fe. No puedo decidir cuál de estos es primero — sea que el arrepentimiento llega antes de la fe, o que la fe precede al arrepentimiento — pero estoy suficientemente seguro como para decir que estas gracias nunca se hallarán separadas la una de la otra. Así como no podemos tener sol sin su luz, hielo sin frío, fuego sin calor, ó agua sin humedad, nunca hallarás fe sincera sin verdadero arrepentimiento, y nunca encontrarás al verdadero arrepentimiento sin una fe activa. Estas dos cosas siempre van una al lado de la otra.

Ahora, antes de continuar vamos a buscar y examinar nuestros propios corazones y veamos lo que sabemos acerca del verdadero arrepentimiento. Yo no puedo reclamar que la experiencia de toda persona que se arrepiente es exactamente la misma en cada detalle. No estoy diciendo que cualquiera que conoce el pecado, se aflige por el pecado, confiesa el pecado, olvida el pecado, u odia el pecado tan perfecta, profunda, y completamente como debiera. Pero sí afirmo que todos los cristianos sinceros reconocerán algo de lo que saben y han sentido respecto de lo que acabo de decir.

El arrepentimiento como lo he descripto será en general la experiencia de todo verdadero creyente. Examínese cada cual, y entonces verán lo que saben de esto en sus propias almas.

Tengan cuidado de no equivocarse acerca de la verdadera naturaleza del arrepentimiento sincero. El diablo conoce muy bien el valor de la preciosa Gracia como para no tratar de presentarnos imitaciones de la misma. Dondequiera que haya dinero bien habido, también lo habrá mal habido. Dondequiera que haya el valor de la Gracia, el diablo pondrá en circulación la falsificación y la mala copia de la gracia, e intentará hacer las almas acepten esa imitación. Asegúrense de no caer en el engaño.

Tengan cuidado de que su arrepentimiento sea un asunto de corazón. El arrepentimiento no es andar entristecido, tener un comportamiento legalista, o un listado de austeridades autoimpuestas. Esto no es lo que constituye el verdadero arrepentimiento hacia Dios. La Gracia real es algo más profundo que un asunto de tristeza, ropa, tradiciones y rituales. Acab podía ponerse ropa de silicio[1] al suponer que esto le ayudaría, pero Acab nunca se arrepintió.

Asegúrense de que su arrepentimiento les regrese hacia Dios. Los católicos romanos pueden acudir a sus confesionarios y sacerdotes cuando se encuentran asustados, y Félix podía temblar al escuchar la prédica del apóstol Pablo (Hechos 24:25), pero esto no es verdadero arrepentimiento. Miren que su arrepentimiento les guíe hacia Dios y puedan correr hacia Él como su mejor Amigo.

Cuídense de que su arrepentimiento les haga abandonar el pecado por completo. Las personas emocionales pueden llorar al escuchar conmovedores sermones los domingos, y regresar al baile, el teatro, o la ópera durante la semana. A Herodes le gustaba escuchar la prédica de Juan el Bautista, y *escucharle*

---
1 La ropa de silicio era ropa de tela áspera en la referencia de 1 Reyes 21:27.

con agrado, y él *hizo muchas cosas* (Marcos 6:20). Sin embargo, los sentimientos religiosos son más que inútiles si no están acompañados por la práctica. Un mero éxtasis emocional, sin el completo rompimiento con el pecado, no es el verdadero arrepentimiento que Dios aprueba.

Cuiden, sobre todas las cosas, que su arrepentimiento esté íntimamente ligado a tu fe en el Señor Jesucristo. Asegúrense de que sus convicciones sean convicciones basadas exclusivamente en la cruz donde murió Jesús. Judas Iscariote pudo haber dicho, *he pecado* (Mateo 27:4), pero nunca se volvió hacia Jesús. Judas nunca miró con fe a Jesús, por lo que Judas murió en sus pecados.

Veamos esa convicción de pecado que hace a la persona correr hacia Cristo y llorar al darse cuenta de que por sus pecados ha sido quien clavó (en la cruz) al Señor que le compró. Veamos el dolor del alma por medio del cual podemos sentir mucho más por Cristo, y llorar al pensar en el desprecio que ha mostrado a un salvador tan lleno de Gracia.

De camino al Sinaí, escuchando los Diez Mandamientos, mirando al infierno, y pensando sobre los errores de la condenación toda persona quizá se aterrorice, y esto vale, pero no hay arrepentimiento duradero en quien no mire al Calvario más que al Sinaí y fije su mirada en un Jesús ensangrentado como el mayor motivo para arrepentirse. Este arrepentimiento proviene del Cielo. Este arrepentimiento es sembrado en el corazón de la persona por el Espíritu Santo.

Sección 2

¿Por qué es necesario arrepentirse?

Si ustedes no se arrepienten, todos perecerán igualmente (Lucas 13:3). Este texto refleja claramente la necesidad del arrepentimiento. Las palabras de nuestro Señor Jesús son incuestionables, directas y definidas. Toda persona, sin excepción, necesita arrepentirse ante Dios. Esto no solo es necesario para los ladrones, asesinos, borrachos, adúlteros, fornicarios y los que habitan en prisiones o cárcel, sino que todos los descendientes de Adán, sin excepción alguna, necesitan arrepentimiento ante Dios.

La reina en su trono y el hombre que vive en pobreza, el hombre rico en su mansión y el trabajador en el almacén, el profesor de la universidad y el granjero pobre que trabaja duramente todo el día — todos, por su naturaleza, necesitan del arrepentimiento. Todos han nacido en pecado, y todos deben arrepentirse y ser convertidos si es que desean ser salvos. Todos necesitan corazones cambiados en cuanto al pecado. Todos deben arrepentirse, como también creer en el evangelio. *En verdad les digo que si no se convierten y se hacen como niños, no entrarán en el reino de los cielos* (Mateo 18:3). *Si ustedes no se arrepienten, todos perecerán igualmente.*

¿Por qué es tan necesario el arrepentimiento? ¿Por qué hace falta este lenguaje tremendamente fuerte? ¿Cuáles son las razones y las causas de que el arrepentimiento es tan necesario?

Sin arrepentimiento, no hay perdón de los pecados. Al decir esto debo guardarme de malos entendidos. Pido, enfáticamente, que no me malentiendan. Las lágrimas del arrepentimiento no nos limpian de pecado alguno. Es mala teología el afirmar que lo hagan. Solo es obra de la sangre de Cristo. El arrepentimiento no logra expiación del pecado. Terrible teología es decir que lo hace. No puede hacer nada por el estilo. Nuestro mejor arrepentimiento es una pobre, imperfecta cosa, que necesita arrepentirse una y otra vez. Nuestro mejor arrepentimiento tiene suficientes defectos como para hundirnos en el infierno. *Somos contados como justos delante de Dios solo por los* méritos de nuestro Señor Jesucristo, por la fe, y no por nuestras propias obras o méritos[2], no por nuestro arrepentimiento, santidad, caridad, recibimiento de los sacramentos, o alguna cosa similar. Todo esto es perfectamente cierto.

---
[2] Cita tomada de los Treinta y Nueve Artículos de la Iglesia de Inglaterra.

Sin embargo, no es menos cierto que las personas justificadas son siempre personas arrepentidas, y que un pecador perdonado siempre será alguien que se lamenta de sus pecados, y los odia. Dios, en Cristo, está dispuesto a recibir al hombre rebelde y otorgarle su paz, si solo el viene a Dios en el nombre de Cristo, no importa cuán malvado haya sido.

Sin embargo, Dios requiere, y con justicia, que el rebelde arroje al suelo sus armas. El Señor Jesucristo está dispuesto a olvidar, perdonar, aliviar, limpiar, lavar, santificar y prepararte para el Cielo, pero El desea que la persona odie los pecados que le serán perdonados. Dejemos que algunas personas llamen a esto legalismo o atadura si lo desean. Mi defensa está en las Escrituras. El testimonio de la Palabra de Dios es claro e inequívoco. Las personas justificadas son siempre personas arrepentidas. Sin arrepentimiento, no hay perdón de pecados.

Sin arrepentimiento, no hay verdadera felicidad en esta vida que ahora tenemos. Puede haber felicidad, emoción, risas y regocijo mientras haya buena salud y dinero en el banco — pero estas cosas no son felicidad duradera. Existe la consciencia en toda persona, y esa consciencia debe ser satisfecha. Mientras la consciencia sienta que el pecado no ha sido motivo de arrepentimiento para luego abandonarlo, no se quedará callada, y no dejará a la persona sentirse a gusto consigo misma. Todos tenemos un ser interior o una naturaleza interior, que el mundo desconoce. Nuestros compañeros y amigos a menudo no se percatan de nuestra naturaleza interior. Este ser interior lleva una carga sobre sí, hasta que no se arrepienta de su pecado. Hasta que no sea librado de esa carga, ese ser interior no estará tranquilo.

¿Podemos sentirnos a gusto usted y yo, conociendo que no estamos haciendo lo correcto ante Dios? Imposible. ¿Cuál es la verdadera posición de una persona? Nunca estará en la posición correcta ante Dios hasta que le haya dado la espalda al pecado y su rostro se dirija a Dios.

Ninguna persona estará a gusto en su casa hasta tanto todas las cosas estén en orden. ¿Cuándo es que la casa del ser interior está en orden? Nunca — hasta tanto Dios sea el Rey y las cosas del mundo sean rebajadas al segundo lugar; nunca — hasta tanto Dios ocupe el trono de su vida y el pecado sea echado fuera de las puertas de su casa. Es como esperar que el sistema solar funcione bien sin el sol el esperar que el corazón esté a gusto cuando Dios no está en Su lugar. La gran deuda que tenemos con Dios debe saldarse. El Rey debe estar en Su trono. Entonces, y solo entonces, tendremos paz interior. Sin arrepentimiento, no tendremos verdadera felicidad. Debemos arrepentirnos si deseamos ser felices.

Sin arrepentimiento, no estaremos preparados para el Cielo en el mundo que está por venir. El Cielo es un lugar preparado, y aquellos que van al Cielo deben ser personas preparadas. Nuestros corazones deben estar en perfecta sintonía con los asuntos del Cielo, de lo contrario nos resultará un miserable lugar para vivir. Nuestras mentes deben estar en perfecta armonía con la de los habitantes del Cielo, o de lo contrario pronto hallaremos que la sociedad del Cielo nos es insoportable.

Con mucho gusto ayudaría a ir al Cielo a todos los que están leyendo esto, pero antes quiero que sepas que si fueses allí con un corazón que no se ha arrepentido, el Cielo no será descanso para tu alma. ¿Qué podrás hacer en el Cielo si llegas con un corazón que ama el pecado? ¿A cuál de los santos le hablarías? ¿Al lado de quién te sentarías? ¡Seguramente la música de los ángeles de Dios no será dulce al corazón de aquel que no pudo tolerar a los santos en la tierra y que nunca alabó al Cordero por su amor redentor! Ciertamente la compañía de los patriarcas, apóstoles y profetas no será de gozo para aquella persona que nunca leyó su Biblia y que no le importó conocer lo que los apóstoles y profetas escribieron.

¡No! ¡No! no puede haber felicidad en el Cielo si llegamos allí con un corazón sin arrepentimiento. El pez no es feliz cuando está fuera del agua. El ave no es feliz cuando está confinada en una jaula. ¿Por qué? Ellos se encuentran fuera de sus propios elementos y medio ambiente. Del mismo modo, una persona no arrepentida no puede ser feliz si llega al Cielo sin un corazón cambiado por el Espíritu Santo. Sería una criatura fuera de su propio elemento. No será capaz de disfrutar de su santa morada. Sin un corazón arrepentido, no estará *capacitado para compartir la herencia de los santos en la Luz* (Colosenses 1:12). Debemos arrepentirnos si es que deseamos ir al Cielo.

Yo les imploro por la misericordia de Dios que tomen en serio lo que les acabo de decir. Considérenlo seriamente. Viven en un mundo de trampas, fraudes y engaños. No permitan que ninguno les engañe sobre la necesidad de arrepentirse. ¡Oh, cuánto quisiera que los que se llaman cristianos vieran, supieran y sintieran la necesidad, la absoluta necesidad, del verdadero arrepentimiento hacia Dios más de lo que hacen!

Hay muchas cosas que no son necesarias. Las riquezas no son necesarias. La salud no es necesaria. Las ropas finas no son necesarias. Los amigos distinguidos no son necesarios. El favor del mundo no es necesario. Los talentos y la educación no son necesarios. Millones de personas han alcanzado el Cielo sin la necesidad de las cosas previamente mencionadas. Miles alcanzan el Cielo cada año sin la necesidad de estas cosas. Sin embargo, ninguno ha alcanzado el Cielo sin el verdadero *arrepentimiento para con Dios, y de la fe en nuestro Señor Jesucristo* (Hechos 20:21).

No permitas que nadie te convenza de que cualquier religión que no tenga el arrepentimiento hacia Dios como prioridad, merezca llamarse evangelio. ¡Menudo evangelio ese! Allí donde el arrepentimiento no es lo más importante, no hay Evangelio. Ese evangelio es el evangelio de hombres, pero no de Dios. ¡Evangelio, dicen! Que proviene de la tierra, pero no, del Cielo. ¡Evangelio lo llaman! Eso no es el evangelio para nada; ¡es lo contrario del evangelio! Mientras te aferres a tus pecados y desees mantenerlos en tu vida, podrás hablar lo que tú quieras sobre el evangelio, pero tus pecados no han sido perdonados.

Puedes llamarlo legalismo si deseas. Si quieres, puedes decir: *"Espero que al final todo esté bien para mí. Dios es amor. Cristo ha muerto. Espero ir al Cielo."* Yo te digo ¡No!, no todo está bien. Nunca estará bien de esa manera. Estás pisoteando la sangre del sacrificio del pacto de expiación (Hebreos 10:29). Tú no tendrás parte ni suerte en Cristo (Hechos 8:21). Mientras no te arrepientas de tu pecado, el evangelio de nuestro Señor Jesucristo no es el evangelio para tu alma. Cristo es el Salvador, quien nos salva de nuestro pecado, no el Salvador del hombre que sigue en pecado. Si un hombre desea mantener sus pecados, llegará el día en que ese misericordioso Salvador le diga: *Apártense de Mí, malditos, al fuego eterno que ha sido preparado para el diablo y sus ángeles* (Mateo 25:41).

No permitas que nadie te engañe haciéndote creer que puedes ser feliz en este mundo sin el arrepentimiento. ¡Ay, no! Puedes reír y bailar, irte de vacaciones, decir buenos chistes, cantar buenas canciones, y decir, "¡Bravo! el futuro me favorece!" – pero ninguna de estas cosas es evidencia de que eres feliz. Mientras no rompas con el pecado, nunca serás verdaderamente feliz.

Miles de personas hacen esto por algún tiempo, y parecen ser felices ante los demás, pero llevan en sus corazones una tristeza oculta. Cuando están a solas, se sienten miserables. Cuando no están en alegre compañía, se sienten abatidos. Su consciencia los hace cobardes. No les gusta estar a solas. Odian meditar tranquilamente. Están en una búsqueda constante de nuevas emociones. Cada año ellos necesitan más. De igual manera que el adicto a las drogas necesita mayores dosis, así también la persona que busca la felicidad en cualquier cosa excepto en Dios, necesita una mayor cantidad de excitación cada año que viva, y con todo esto nunca será verdaderamente feliz.

Sí — y aún peor, mientras continúes sin arrepentimiento, más infeliz será tu corazón. Cuando la vejez se apodere de ti y aparezcan canas en tu cabeza – cuando seas incapaz de ir donde fuiste una vez y no puedas disfrutar de lo que disfrutabas – entonces la miseria y la desdicha irrumpirán en tu vida como hombre armado. Cuanto menos dispuesta a arrepentirse sea la persona, tanto mayor será su desasosiego.

¿Alguna vez has oído hablar del gran reloj de la Catedral de San Pablo en Londres? Al mediodía, en medio del rugir de los negocios, los automóviles, camiones, transporte colectivo, trenes y carros que recorren las calles de la ciudad, muchas personas ni siquiera oyen la campana del gran reloj a menos que se encuentren cerca de éste. Pero cuando los trabajos del día se acaban y el rugir de los vehículos a motor desaparecen, cuando las personas se han acostado a dormir luego de un laborioso día y el silencio reina en Londres – entonces a las doce, a la una, a las dos, a las tres y cuatro de la madrugada – el sonido de la campana del gran reloj puede escucharse a millas de distancia. ¡Doce! ¡Una! ¡Dos! ¡Tres! ¡Cuatro! ¡Cómo oyen ese reloj los muchos desvelados!

Ese reloj es igual que la consciencia de una persona que no se ha arrepentido. Mientras tenga salud y continúe en el fragor de tus asuntos, no escuchará a su consciencia. Porque ahoga y silencia esta voz sumergiéndose en su mundo. No permitirá que el ser interior le hable. Pero llegará el día en que escuchará su consciencia, le guste o no. Ese día llegará, cuando esa voz resonará en sus oídos y le traspasará como una espada.

Llegará el momento en que deba retirarse del mundo de los negocios, acostarse en el lecho de la enfermedad y mirar cara a cara a la muerte. Entonces el reloj de la consciencia, ese solemne reloj, sonará en su corazón, y si no se ha arrepentido, traerá agonía y miseria a su alma. Escríbelo en las tablas de tu corazón: ¡no habrá paz sin arrepentimiento!

Por encima de todo, que nadie te haga pensar que existe la posibilidad de llegar al Cielo sin arrepentimiento ante Dios. Todos deseamos ir al Cielo. Quien diga que desea ir al infierno, sería descrito correctamente como un loco. Pero nunca olvides que nadie va al Cielo sin que antes el Espíritu Santo le haya preparado para ir.

Presento mi solemne protesta en contra de esos engaños modernos en los que todas las personas terminan en el Cielo, que no importa el estilo de vida que hayas tenido, no importa si eres santo o impío, si no te has arrepentido o si eres temeroso de Dios, todos irán al Cielo. No he hallado tal enseñanza en la Biblia. La Biblia firmemente lo contradice. No importa en qué forma engañosa quieran explicar esta nueva idea, y tampoco importa cómo aparenten defenderla, no puede pasar la prueba real de la Palabra de Dios. ¡De ningún modo! Antes bien, sea hallado Dios veraz, aunque todo hombre sea hallado mentiroso (Romanos 3:4).

El Cielo no es el lugar que algunos imaginan. Los habitantes del Cielo no son una multitud tan mezclada como muchos intentan creer. Todo ellos tienen un mismo pensar y sentir. El Cielo es el lugar al que van las personas de Dios, pero para aquellos que no son creyentes y que no se han arrepentido, no creen y se niegan a volverse a Cristo, la Biblia dice clara e inequívocamente que no les queda nada sino el infierno.

Sombrío es pensar que una persona sin arrepentimiento no sea apta para el Cielo. No podrá ser feliz en el Cielo aún si fuese. Recuerdo haber escuchado de un clérigo que viajaba en el transporte colectivo. Se sentó al lado del conductor. El conductor era uno de esos infelices que piensan que nada se puede hacer sin maldecir. Estuvo maldiciendo, jurando, blasfemando y tomando el nombre de Dios en vano durante muchos kilómetros. Conducía enfurecido, dando con el látigo a los caballos y maldiciendo una y otra vez. Así eran los modos del conductor.

Por fin el clérigo le dijo tranquilamente:

— Conductor, temo por usted.

— Señor,— dijo el conductor, —¿Qué hay para temer? Todo va a ir bien. No vamos a tener problema alguno.

— Conductor,— dijo el clérigo, — temo por usted porque no puedo imaginar qué hará si llega al Cielo. No habrá quien maldiga en el cielo. Tampoco habrá quien jure en el cielo. Mucho menos personas golpeando a los caballos. No puedo imaginar lo que usted haría en el Cielo.

— Ah, — dijo el conductor, — esa es su opinión.

Y no se habló más. Pasaron años. Llegó el día en que alguien le dijo a este mismo clérigo que había un hombre enfermo, un extraño, que deseaba verle. Había llegado a la ciudad, le dijo, porque deseaba morir allí. El clérigo fue a verle. Entrando en la habitación encontró en el lecho de la muerte a un hombre cuyo rostro no conocía.

— Señor,— dijo el moribundo, —¿no se acuerda de mi?

— No,— dijo el clérigo, — -no le recuerdo.

— Señor,— dijo el hombre, — Yo me acuerdo de usted. Soy el conductor a quién, hace muchos años, usted le dijo: Conductor, temo por usted porque no sé qué haría si llegara al Cielo. Señor, esas palabras calaron mi ser. Me di cuenta de que no estaba preparado para morir. Aquellas palabras obraron, obraron, y obraron en mi corazón, y no pude descansar hasta arrepentirme de mi pecado, me volví a Cristo, encontré paz en Él, y soy una nueva criatura. Ahora, por la Gracia de Dios, estoy seguro y preparado para conocer a mi Creador y estoy apto para la herencia de los santos en luz.

Una vez más les exhorto a recordar que sin arrepentimiento hacia Dios, no se puede estar listo para el Cielo. Sería doloroso para una persona no arrepentida estar allí. No hallaría para sí misericordia. No sería feliz. No tendrá gozo en el Cielo alguien que llegara allí sin un corazón que odia el pecado y ama a Dios.

Mi expectativa es ver muchos prodigios en el último día. Espero ver a la diestra del Señor Jesucristo, a quienes alguna vez temí verlos a la izquierda. Espero ver algunos a la izquierda que pensé que eran buenos cristianos, y esperaba ver a la derecha. Pero de algo estoy seguro,: a la diestra de Jesucristo no veré ni a una sola persona que no se haya arrepentido de sus pecados.

Veré a Abraham allí, el que dijo, *Yo soy polvo y cenizas* (Génesis 18:27). Veré a Jacob allí, el que dijo, *Indigno soy de todas tus misericordias* (Génesis 32:10). Veré a Job allí, el que dijo, "*Yo soy insignificante*" (Job 40:4).

Veré a David allí, el que dijo, "*Yo nací en iniquidad, Y en pecado me concibió mi madre*" (Salmos 51:5). Veré a Isaías allí, que dijo, "*Soy un hombre de labios inmundos*" (Isaías 6:5). Veré a Pablo allí, que dijo, *Soy el primero de los pecadores* (1 Timoteo 1:15).

También veré allí al mártir John Bradford, el que a menudo firmaba sus cartas con las palabras: "*Ese miserable pecador, ese miserable pecador, John Bradford*". Este es el mismo John Bradford quien, cuando veía a un hombre caminado hacia la horca, decía, "*Allí va John Bradford, pero por la Gracia de Dios.*" Veré allí a James Ussher, cuyas últimas palabras fueron "*Perdona mis muchos pecados, especialmente los pecados de omisión*". Veré allí a William Grimshaw, cuyas últimas palabras fueron "*Aquí va un siervo inútil*".

Pero todos ellos serán de un solo corazón, un mismo pensar y una misma experiencia. Todos ellos habrán odiado el pecado. Todos ellos se habrán lamentado por el pecado. Todos ellos habrán confesado su pecado. Todos ellos habrán abandonado el pecado. Todos ellos se habrán arrepentido, y creyeron — arrepentidos ante Dios, como también creyeron en el Señor Jesucristo. Todos dirán al unísono: ¡Vean lo que ha hecho Dios! (Números 23:23). Todos dirán a una sola voz: "*Por la Gracia de Dios estoy donde estoy*" como también *Por la Gracia de Dios soy lo que soy* (1 Corintios 15:10).

Sección 3

¿Qué es lo que lleva a una persona al arrepentimiento?

Ahora he llegado a la tercera y última cosa que les prometí abordar. *Considiraré los estímulos para el arrepentimiento. ¿Qué es lo que lleva a una persona al arrepentimiento?*

Siento que es muy importante lo que voy a decir al respecto. Sé que aparecen muchas dificultades ante nosotros cuando planteamos el tema del arrepentimiento. Sé lo lentas que son las personas para abandonar el pecado. Bien puedes decirles que se corten la mano derecha, que se saquen el ojo derecho o que se corten el pie derecho antes de decirles que renuncien a sus pecados favoritos.

Conozco la fuerza de los viejos hábitos y las primeras ideas acerca del cristianismo. Comienzan como telarañas, pero acaban siendo como cadenas de hierro. Conozco el poder del orgullo y del temor del hombre *como un lazo* (Proverbios 29:25). Sé que a muchos les desagrada que les consideren santos y que piensen que el cristianismo les importa. Sé que cientos y miles nunca se negarán a ir a la guerra pero no pueden soportar que los consideren ridículos y se rían de ellos porque se preocupan por sus almas. Conozco también, el odio de nuestro gran enemigo, el diablo. ¿Se alejará de sus "cautivos legítimos" sin conflicto (Isaías 49:24)? ¡Nunca! ¿Renunciará a su presa sin presentar resistencia? ¡Nunca!

Una vez vi cómo alimentaban a un león en el zoológico. Arrojaban su comida delante de él. Vi al guardián cuando intentó retirar esa comida. Recuerdo el rugido del león, su salto y su lucha por conservar su alimento. Recuerdo también, el león rugiente que anda al acecho, *buscando a quien devorar* (1 Pedro 5:8). ¿Abandonará el diablo, al hombre o a la mujer sin luchar y dejará que se arrepienta? ¡Jamás!, ¡nunca! El ser humano necesita muchos estímulos para llegar al arrepentimiento.

Sin embargo, existen muchos estímulos — grandiosos, abarcadores, extensos, suficientes y gratuitos. Hay en la Palabra de Dios cosas que han de proveer las fuerzas a cada corazón y motivarlos a todos a arrepentirse sin demora.

Deseo traer estas cosas ante ustedes ahora. Porque no deseo que ninguna persona diga: *"Esto no puedo hacerlo; esto es imposible."* Quiero que todo el que lea esto diga: *"¡Hay esperanza, hay esperanza! ¡Existe una puerta abierta! ¡Esto es posible por la Gracia de Dios, cualquier persona puede arrepentirse!"*.

Escuchen qué misericordioso Salvador es el Señor Jesucristo. Le he puesto a Él ante todo como el más grandioso argumento para animar a cualquier persona a que se arrepienta. Le digo a toda alma dudosa: *"Mira a Cristo, piensa en Cristo." El es poderoso para salvar para siempre a los que por medio de Él se acercan a Dios"* (Hebreos 7:25). *A Él Dios lo exaltó a Su diestra como Príncipe y Salvador, para dar arrepentimiento y perdón de pecados* (Hechos 5:31). *Porque el Hijo del Hombre ha venido a buscar y a salvar lo que se había perdido* (Lucas 19:10).

Él es aquel que dijo: *No he venido a llamar a justos, sino a pecadores al arrepentimiento* (Lucas 5:32). Él es el que clama: *"Vengan a Mí, todos los que están cansados y cargados, y Yo los haré descansar* (Mateo 11:28). Él es el que ha dado Su promesa de Rey: *al que viene a Mí, de ningún modo lo echaré fuera* (Juan 6:37). Él es de quién está escrito, *Pero a todos los que lo recibieron, les dio el derecho de llegar a ser hijos de Dios, es decir, a los que creen en Su nombre* (Juan 1:12).

Respondo a todas las dudas, preguntas, dificultades, objeciones y miedos con este simple argumento. Le digo a todo el que necesita una palabra de ánimo: *"Mira a Cristo; piensa en cristo".* Considera a Jesucristo, el Señor, y entonces ya no dudes sobre el arrepentimiento.

Escuchen cuán gloriosas promesas contiene la Palabra de Dios. Está escrito: *El que encubre sus pecados no prosperará, pero el que los confiesa y los abandona hallará misericordia* (Proverbios 28:13). La Biblia dice: *Si confesamos nuestros pecados, Él es fiel y justo para perdonarnos los pecados y para limpiarnos de toda* *maldad* (1 Juan 1:9). La Palabra de Dios también dice: *Bienaventurados los pobres en espíritu, pues de ellos es el reino de los cielos. Bienaventurados los que lloran, pues ellos serán consolados. . . . Bienaventurados los que tienen hambre y sed de justicia, pues ellos serán saciados* (Mateo 5:3-4, 6). Seguramente estas promesas son de aliento. Y lo digo una vez más: no más dudas sobre el arrepentimiento.

Escuchen las declaraciones de Gracia halladas en la Palabra de Dios. *Y cuando el impío se aparta de la maldad que ha cometido y practica el derecho y la justicia, salvará su vida* (Ezequiel 18:27). *Los sacrificios de Dios son el espíritu contrito; Al corazón contrito y humillado, oh Dios, no despreciarás* (Salmo 51:17). *El Señor no se tarda en cumplir Su promesa, según algunos entienden la tardanza, sino que es paciente para con ustedes, no queriendo que nadie perezca, sino que todos vengan al arrepentimiento* (2 Pedro 3:9). *Diles: "Vivo Yo", declara el Señor Dios, que no me complazco en la muerte del impío. . . . ¡Vuélvanse!, ¡vuélvanse! de sus malos caminos. ¿Por qué han de morir?. . ."* (Ezequiel 33:11). *De la misma manera, les digo, hay gozo en la presencia de los ángeles de Dios por un pecador que se arrepiente* (Lucas 15:10). Ciertamente, si existen palabras de ánimo, ¡son estas! Lo digo otra vez: no más dudas sobre el arrepentimiento.

Escuchen las maravillosas parábolas de nuestro Señor Jesús sobre este tema.

> *Dos hombres subieron al templo a orar; uno era fariseo y el otro recaudador de impuestos. El fariseo puesto en pie, oraba para*

> *sí de esta manera: "Dios, te doy gracias porque no soy como los demás hombres: estafadores, injustos, adúlteros; ni aun como este recaudador de impuestos. Yo ayuno dos veces por semana; doy el diezmo de todo lo que gano". Pero el recaudador de impuestos, de pie y a cierta distancia, no quería ni siquiera alzar los ojos al cielo, sino que se golpeaba el pecho, diciendo: "Dios, ten piedad de mi, pecador". Les digo que este descendió a su casa justificado pero aquel no; porque todo el que se engrandece será humillado, pero el que se humilla será engrandecido* (Lucas 18:10-14).

Escuchen también, esta otra parábola maravillosa – la parábola del hijo pródigo.

> *Cierto hombre tenía dos hijos; y el menor de ellos le dijo al padre: "Padre, dame la parte de la hacienda que me corresponde". Y él les repartió sus bienes. No muchos días después, el hijo menor, juntándolo todo, partió a un país lejano, y allí malgastó su hacienda viviendo perdidamente. Cuando lo había gastado todo, vino una gran hambre en aquel país lejano, y comenzó a pasar necesidad. Entonces fue y se acercó a uno de los ciudadanos de aquel país, y él lo mandó a sus campos a apacentar cerdos. Y deseaba*

llenarse el estómago de las algarrobas que comían los cerdos, pero nadie le daba nada.

Entonces, volviendo en sí, dijo: "¡Cuántos de los trabajadores de mi padre tienen pan de sobra, pero yo aquí perezco de hambre! Me levantaré e iré a mi padre, y le diré: 'Padre, he pecado contra el cielo y ante ti; ya no soy digno de ser llamado hijo tuyo; hazme como uno de tus trabajadores' ".

Levantándose, fue a su padre. Cuando todavía estaba lejos, su padre lo vio y sintió compasión por él, y corrió, se echó sobre su cuello y lo besó. Y el hijo le dijo: "Padre, he pecado contra el cielo y ante ti; ya no soy digno de ser llamado hijo tuyo".

Pero el padre dijo a sus siervos: "Pronto; traigan la mejor ropa y vístanlo; póngale un anillo en su mano y sandalias en los pies. Traigan el becerro engordado, mátenlo y comamos y regocijémonos; porque este hijo mío estaba muerto y ha vuelto a la vida; estaba perdido y ha sido hallado." Y comenzaron a regocijarse (Lucas 15:11-24).

Seguramente éstas son poderosas palabras de ánimo para arrepentirse. Repito: no más dudas sobre el arrepentimiento.

Escuchen qué maravillosos ejemplos de misericordia

y bondad de Dios existen en Su Palabra para las personas arrepentidas. Leamos la historia de David. ¿Cuál pecado puede ser mayor que el pecado de David? Sin embargo, cuando David se arrepintió y regresó al camino del Señor diciendo: *He pecado contra el Señor*, la respuesta que llegó fue: *El Señor ha quitado tu pecado* (2 Samuel 12:13).

Leamos la historia de Manasés. ¿Qué maldad pudo haber sido mayor que la suya? El mató a sus propios hijos. El le dió su espalda al Dios de sus padres. Colocó ídolos en el templo. Y sin embargo, cuando Manasés estaba en prisión, se humilló y oró al Señor. Dios escuchó su oración y lo sacó de su cautiverio (2 Crónicas 33:1-19).

Leamos la historia de Pedro. ¿Qué apostasía pudo ser mayor que la suya? ¡Negó a su Maestro tres veces con juramento! Y sin embargo cuando Pedro lloró entristecido por su pecado, hubo misericordia de Dios para Pedro, y el arrepentido Pedro fue restaurado en el favor de su Maestro (Marcos 16:3).

Leamos la historia del ladrón arrepentido. ¿Qué caso, más desesperado que este? Él era un moribundo a las puertas del infierno. Pero cuando le dijo a Jesús, *"acuérdate de mí cuando vengas en Tu reino"*, inmediatamente llegó la respuesta maravillosa: *"En verdad te digo: hoy estarás conmigo en el paraíso"* (Lucas 23:39-43).

¿Qué mejores palabras de ánimo para arrepentirse se pueden imaginar o concebir? ¿Por qué quedaron registrados todos estos casos para nuestra enseñanza? Para guiar a las personas al arrepentimiento. Nos muestran la paciencia, misericordia y disposición de Dios para recibir al pecador arrepentido. Son prueba de lo que la Gracia de Dios puede hacer. Son una nube de testigos que dan testimonio de que vale la pena que una persona se arrepienta, brindan aliento para que la gente se vuelva a Dios, y deja sin excusa aquellos que continúan en sus pecados. *La bondad de Dios te guía al arrepentimiento* (Romanos 2:4).

Recuerdo haber escuchado hablar a una madre cuya hija se escapó de ella y vivió una vida de pecado. Por mucho tiempo, nadie supo dónde estaba, y sin embargo la hija regresó y fue restaurada. Se arrepintió verdaderamente. Aprendió a lamentarse por pecar. Se convirtió a Cristo y creyó en Él. *Las cosas viejas pasaron, ahora han sido hechas nuevas* (2 Corintios 5:17).

Un día le preguntaron a la madre qué había hecho para traer de regreso a su hija. ¿Qué método había usado? ¿Qué pasos había dado? Su contestación fue extraordinaria. Dijo: *"Oré por ella noche y día"*. Pero eso no fue todo. Dijo luego: *"Nunca me acostaba por las noches sin antes dejar sin seguro la puerta de entrada. Pensaba que si mi hija regresaba de noche cuando estuviese dormida, jamás podría decir que encontró la puerta cerrada. No iba a poder decir que fue a la casa de su madre pero no pudo entrar"*. Y así fue como pasó. Su hija regresó una noche, intentó abrir la puerta de entrada y la encontró abierta. Entró, para nunca regresar al pecado otra vez. La puerta abierta fue la salvación de su alma.

¡Esa puerta abierta es una preciosa ilustración del corazón de Dios hacia los pecadores! La puerta de misericordia está completamente abierta. La puerta no tiene echado el cerrojo todavía. La puerta se puede abrir. El corazón de Dios está lleno de amor y compasión. No importa lo que haya sido una persona, puede retornar a Dios en la mitad de la noche o en cualquier momento, y encontrará a Dios dispuesto a recibirle, listo para perdonarle, y contento de tenerle en Su casa. Todas las cosas están listas. Quienquiera que lo desee puede entrar.

¿Quién, de todos los millones de personas que han regresado a Dios y se han arrepentido, se arrepiente de haberse arrepentido? Respondo sin temor alguno: *"¡Ninguno!"*. Cada año miles de personas se arrepienten de su insensatez e incredulidad. Miles lamentan haber malgastado el tiempo, o invertido el tiempo en la forma incorrecta. Miles lamentan sus borracheras, apuestas, inmoralidades, blasfemia, ociosidad y oportunidades ignoradas. Pero ninguno se ha levantado para decirle al mundo que se arrepiente de haberse arrepentido ante Dios. Los pasos en el angosto camino de la vida van en una sola dirección. Nunca verás en el angosto camino de la vida los pasos de alguien que volvió hacia atrás porque este camino angosto no era bueno.

Recuerdo haber leído sobre un notable suceso ocurrido en un lugar de adoración donde un ministro puritano, el Sr. Doolittle, predicaba hace unos cientos de años. Justo cuando estaba por iniciar su sermón, vio entrar en su iglesia a un hombre joven, un desconocido. Supuso por la actitud del joven que estaba preocupado por su alma, pero indeciso sobre el cristianismo. Por lo que tomó una decisión inusual con él. Intentó un interesante experimento, pero Dios bendijo el alma del joven.

Antes de leer el texto de su prédica, el Sr. Doolittle dirigió su mirada hacia un viejo cristiano que estaba a un lado del templo. Se dirigió a este por su nombre, preguntándole: *"Hermano, ¿te arrepientes de haber servido a Dios?"*. Este viejo Cristiano se puso de pie con confianza y seguridad ante la congregación y exclamó: "Señor, Yo he servido a Dios desde mi juventud, y El nunca ha hecho otra cosa más que bendecirme".

El Sr. Doolittle miró a la izquierda, donde vio a otro cristiano, y se dirigió a este del mismo modo. *"Hermano"*, dijo, llamándole por su nombre, *"¿Te arrepientes de haber servido a Cristo?"* Ese hombre también se puso de pie con confianza y seguridad ante la congregación diciendo: "Señor, Yo nunca fui verdaderamente feliz hasta que tomé la cruz y serví al Señor Jesucristo."

Entonces el Sr. Doolittle volvió su mirada hacia el joven recién llegado y le dijo: "Joven ¿deseas arrepentirte? Joven ¿levantarás la cruz? Joven, ¿deseas servir a Cristo a partir de hoy?". Dios envió Su poder con estas palabras. El joven se puso de pie ante la congregación y dijo en tono humilde: "Si, señor. Lo deseo". Ese mismo día fue el principio de la vida eterna para el alma de aquel joven.

Podemos estar seguros de que las dos respuestas que el Sr. Doolittle obtuvo ese día de los dos ancianos hablan de la experiencia de todos los cristianos sinceros. Podemos estar bien seguros de que nadie se arrepiente de haberse arrepentido. Nadie se ha lamentado de servir al Señor. Nadie ha dicho en sus últimos días: "He leído la Biblia demasiado. He pensado en Dios demasiado. He orado demasiado. He estado demasiado preocupado por mi alma". ¡No! El pueblo de Dios siempre diría: "Si tengo la oportunidad de vivir mi vida otra vez, andaría más cercano a Dios de lo que he estado hasta ahora. Lamento no haber servido a Dios mejor, pero no lamento haberle servido. El camino del cristiano puede tener su cruz, pero es un camino agradable y un camino de paz."

Seguramente este hecho habla por sí solo. Es un hecho que recalca todos los argumentos que he expresado. Definitivamente vale la pena que una persona se arrepienta. Te ánimo a que lo hagas. La persona que no se arrepiente no tiene excusa.

Conclusión

He traído ante mis lectores los tres puntos introducidos en el comienzo. Les he demostrado la naturaleza de arrepentirse hacia Dios, la necesidad del arrepentimiento, y los estímulos del arrepentimiento. Concluiré con unas palabras de práctica y de fácil aplicación para las almas que lean este libro.

Mi primera palabra será una palabra de advertencia. Ofrezco una tierna advertencia a toda alma que no se haya arrepentido y en cuyas manos pudiera estar este libro. No puedo suponer por un momento que todos los que lean estas páginas estén verdaderamente arrepentidos hacia Dios y sean creyentes activos en Jesucristo. No me atrevo a pensar que es cierto. No puedo pensarlo. Mi primer palabra será una palabra de advertencia — una tierna, afectuosa advertencia — para todas las personas que lean esto y que no se han arrepentido y convertido.

¿Cuál es la poderosa advertencia que puedo darles, más que las contenidas en este libro? ¿Qué palabras puedo usar que sean más solemnes y que escudriñen el corazón, más que las palabras de mi Señor y Maestro: *"¡A menos que te arrepientas, todos perecerán igualmente!"* ¡Sí¡ Tú que has estado leyendo esto y conoces que no aún no estás en paz con Dios, tú que vacilas, demoras y te encuentras indeciso acerca de Cristo — es a ustedes que estas palabras deben llegar con poder: *"¡A menos que te arrepientas, aún tú, perecerás!"*

¡Piensa en lo terribles que son estas palabras! ¿Quién puede medir todo su contenido? ¡*Perecer*ás! ¡Perecer en el cuerpo, perecer en el alma y perecer miserablemente al final en el infierno! No me atrevo a describir los horrores de este pensamiento. El gusano que nunca muere, el fuego que no se extingue (Marcos 9:48), la oscuridad de las tinieblas eternas (Judas 1:13), el pozo del abismo, la prisión sin esperanza (Apocalipsis 9:1-2), el lago ardiente con fuego y azufre (Apocalipsis 21:8) — todas estas son solo unas débiles descripciones de la realidad del infierno.

¡Es a este infierno que viajan cada día todas las personas que no se han arrepentido! Sí - de las iglesias y capillas, desde las mansiones lujosas hasta las cabañas pobres, personas intelectuales, pudientes y respetables – para todos aquellos que no se han arrepentido su destino final será el infierno. *"¡A menos que te arrepientas, aún tú, perecerás!"*

¡Piensa cuán grandes es tu peligro! ¿Donde están tus pecados, tus muchos pecados? Tú sabes que eres pecador. Deberías estar consciente de esto. Sería de tontos fingir que no has cometido pecado alguno. ¿Dónde están tus pecados si no te has arrepentido todavía, si nunca has confesado tus pecados, si no te has afligido por tus pecados, si nunca has ido a Cristo y nunca has hallado el perdón a través de la sangre de Cristo? Ay, deberías cuidarte. El pozo del abismo ha ensanchado su garganta para tragarte (Isaías 5:14). El diablo está diciendo de ti, "¡El será mío!". ¡Ten cuidado!

Recuerda las palabras de esta cita bíblica: *"¡A menos que te arrepientas, aún tu, perecerás!"* Ellas son las palabras de Cristo, no mías. Cristo las dijo. Cristo, el misericordioso, lleno de Gracia, dijo *"¡A menos que te arrepientas, aún tú, perecerás!"*

¡Piensa otra vez sobre tu culpa! Sí, digo, existe propósito en que pienses a cerca de tu culpa. Culpa es cuando una persona no se arrepiente. Somos responsables y tendremos que rendir cuentas ante Dios para el arrepentimiento. No es de inteligentes decir que no somos culpables. ¿Qué les dijo Pablo a los atenienses? *Dios declara ahora a todos los hombres, en todas partes, que se arrepientan* (Hechos 17:30). ¿Qué le dijo el Señor a las ciudades de Corazín y Betsaida? ¿Por qué eran culpables? ¿Porqué era intolerable su posición en el infierno? Porque no se arrepintieron y creyeron (Lucas 10:13). Este es el testimonio directo del Hijo de Dios acerca de una persona que ha sido llamada al arrepentimiento y se niega a obedecer el llamado: será más culpable que aquel que nunca ha sido llamado a arrepentirse.

¡Piensa en la necedad de quien se niega a arrepentirse! Si, dije necedad. El mundo al que estás aferrado ya se está derritiendo bajo tus pies. ¿Qué hará el dinero por ti en la vida que está por venir? ¿Qué valor tendrá para tí tu oro dentro de cien años? ¿Cuando llegue tu hora final ¿qué podrá hacer por ti todo el oro del mundo si mueres sin arrepentimiento? Puedes vivir para el mundo ahora. Puedes esforzarte mucho y tener éxito en los negocios. Tu brújula de mar y tierra te sirve para añadir superficie a tus propiedades, o para acumular riquezas en la bolsa de valores. Puedes hacer todo lo que esté a tu alcance para obtener dinero, para alcanzar riquezas, para estar cómodo, para tener placer, y para dejarle algo a tu esposa e hijos cuando mueras. Pero recuerda que si no posees la Gracia de Dios y el verdadero arrepentimiento, eres un hombre pobre a la vista de Dios.

Nunca olvidaré el efecto producido en mi mente cuando leí sobre el aparatoso naufragio del barco, La pérdida del SS Central América (1857) - un gran barco de vapor que se perdió en su travesía entre La Habana y la ciudad de Nueva York. Ese barco de vapor trasportaba alrededor de trescientos o cuatrocientos buscadores de oro que regresaban a sus hogares. Aquellas personas habían obtenido su oro de las minas y anhelaban regresas a sus casas para pasar sus últimos días cómodamente. La mente del hombre planea su camino, Pero el Señor dirige sus pasos (Proverbios 16:9).

Cerca de veinticuatro horas después que el SS *Central America* saliera de La Habana, se levantó una poderosa tormenta. Una fuerte secuencia de tres o cuatro olas enormes arremetieron contra de la nave causando graves daños. Los motores se estropearon y dejaron de funcionar, y el furioso mar se apoderó del curso de la nave. Comenzó a entrar agua hacia el interior del barco, y a pesar del esfuerzo que se hizo, el navío comenzó a llenarse de agua.

Después de un tiempo, cuando todos los que se encontraban a bordo — unos trescientos o cuatrocientos pasajeros y la tripulación — estaban exhaustos por haber bombeado e intentado bloquear el ingreso del agua, se hizo evidente que la embarcación SS Central América se hundiría en la profundidad del mar, llevándose a casi todos los que estaban a bordo. Los marineros comenzaron a preparar los pocos botes salvavidas que tenían disponibles. En estos colocaron las mujeres junto a número limitado de marineros para manejarlos. ¡Todo el honor sea para los que demostraron su amable consideración hacia los débiles e indefensos en momentos como ese!

Los botes se alejaron a remo, poniendo distancia respecto del barco, pero habían quedado unas doscientas o trescientas personas en el SS Central America, y, muchos eran buscadores de oro.

Un hombre que abandonó la nave en uno de los últimos botes junto a las pasajeras femeninas describió lo que vio en la cabina de la nave de vapor cuando habían perdido ya toda esperanza y el gran barco estaba a punto de hundirse. La gente sacaba su oro. Un hombre, sosteniendo su bolsa de cuero con oro, producto de su larga jornada en las minas, gritaba; "¡Aquí – cualquiera que lo desee puede tomarlo! ya no me sirve. El barco se hunde. Tómelo quien lo desee." Otros sacaron su oro y lo esparcieron por todos lados. "Ahí," dijeron, "es del que lo quiera – todos vamos a hundirnos. No hay más oportunidad para nosotros. ¡El oro no nos servirá de nada!"

¡Oh, es ese un gran comentario respecto de las riquezas cuando nos acercamos a Dios! *De nada sirven las riquezas el día de la ira, pero la justicia libra de la muerte* (Proverbios 11:4). Piensa en tu insensatez—- en tu necedad y en el peligro que se avecina, en tu necedad y en tu culpa — si continúas aferrándote a tus pecados. Piensa en tu ignorancia si no escuchas la advertencia que te brindo hoy. En el nombre de mi Maestro, te digo una vez más: *"¡A menos que te arrepientas, aún tu, perecerás!"*

Mi segunda palabra será una invitación para todo aquel sienta remordimiento por sus pecados y desee arrepentirse, pero todavía no sabe qué hacer. Brindo mi respuesta total y plenamente a todo aquel que me pregunta: "¿Qué debo hacer ahora si acepto tu consejo?" Brindo mi respuesta sin dudarlo. Te digo en el nombre de mi Maestro, *"Arrepiéntete, arrepiéntete, arrepiéntete hoy mismo. Arrepiéntete inmediatamente".*

No tengo ninguna dificultad en decirlo. No puedo estar en acuerdo con aquellos que dicen *no les diga que se arrepientan a las personas inconversas ni ore por ellas.* Yo hallé en la Biblia al apóstol Pedro diciéndole a Simón el mago: *"Arrepientete de tu maldad"*. Luego Simón el mago le pide a Pedro: *"Rueguen ustedes al Señor por mí para que sea perdonado"* (Hechos 8:22-24). Estoy feliz en seguir los pasos del apóstol Pedro.

Le digo la misma respuesta a aquel que está preocupado por su alma: *"Arrepiéntete, arrepiéntete, arrepiéntete hoy mismo. Arrepiéntete sin demora"*. Pronto llegará el momento en que deberás resolver esta preocupación, si es que quieres hacerlo. ¿Por qué no hoy? ¿Por qué no ahora? Escuchar los sermones no durará para siempre. Asistir a las iglesias y capillas pronto llegará a su fin. Que te agrade uno u otro ministro, pertenecer a una congregación de alguna Iglesia, tener puntos de vista similares o diversos, pensar que aquel predicador habla con sensatez y aquel otro no – no es suficiente para salvar el alma. La persona debe actuar, como también pensar, si es que desea ir al cielo. Debes romper con tus pecados y correr hacia el Señor Jesús si es que no deseas ser condenado. Debes apartarte del mundo y levantar la cruz. Tomar la decisión, determinar que te arrepentirás y creerás. Levantar tu estandarte y ponerte del lado de Jesucristo si quieres ser salvo. ¿Por qué no comenzar hoy mismo? ¡Arrepiéntete, arrepiéntete, arrepiéntete hoy mismo! ¡Arrepiéntete sin demora!

¿Me preguntas de nuevo qué debes hacer? Ve, te he dicho, y clama ante el Señor Jesucristo en este mismo momento. Ve y derrama tu corazón delante de Él. Ve y dile a Él quién eres y lo que deseas. Dile que eres un pecador; Él no se avergonzará de ti. Dile a Él que deseas ser salvo; Él te escuchará. Dile a Él que eres una pobre y débil criatura; Él te escuchará. Dile que tú no sabes qué hacer ó cómo arrepentirte. Él te dará Su Gracia. Él derramará Su Espíritu Santo sobre ti. Él te escuchará. Él concederá tu petición. Él salvará tu alma. Cristo es suficiente, y más que suficiente, para todas las necesidades de todo el mundo, para todos los corazones inconversos, no santificados, incrédulos, que no se han arrepentido y no han sido renovados.

"¿Cuál es tu esperanza?" le preguntó un hombre a un niño pobre galés que no hablaba mucho inglés y al que habían hallado agonizando en un hostal. "¿Qué esperanza tienes para tu alma?" ¿Cuál fue su respuesta? El niño tornó su mirada al hombre y en un inglés entrecortado le respondió: "¡Jesucristo es suficiente para toda persona! ¡Jesucristo es suficiente para todos!" Existe una gran verdad en estas palabras. Las pronunció también un navegante que murió en el Señor: "Diles a todos, dile a cada persona que conozcas – ¡Cristo es para todos! Jesucristo es para toda persona!" Ve al Salvador este mismo día y cuéntale las necesidades de tu alma. Ve a Él con las palabras de este bello himno:

> Tal como soy, sin más decir,
>   Que a otro yo no puedo ir,
> y Tú me invitas a venir;
>   Bendito Cristo, heme aquí.

> Tal como soy, sin demorar
>   del mal queriéndome librar,
> Tú sólo puedes perdonar,
>   Bendito Cristo, heme aquí.[3]

Ve al Señor Jesús en ese espíritu, y Él te recibirá. Él no te rechazará. Él no te despreciará. Él te dará su perdón, su paz, y la vida eterna, y Él te dará la Gracia del Espíritu Santo.

¿Me preguntas si hay algo más que debas hacer? ¡Sí! Decídete a romper con cada uno de tus pecados conocidos. No te preocupes por aquellos que le llaman

---

[3] Tomado del himno "Tal como soy" por Charlotte Elliott y traducido por Henry Jackson y T. M. Westrup.

legalismo a este consejo, Yo espero nunca dejar de darlo. Nunca será correcto quedarse indiferente ante la maldad. No puede haber error en lo dicho por Isaías: *Cesen de hacer el mal* (Isaías 1:16).

No importa cuáles sean tus pecados, resuélvelos en la Gracia de Dios, y serás una persona diferente cuando rompas con cada uno de ellos. Ya sea por embriagarte, o por maldecir, o por enojarte, o por mentir, o por engañar, o por avaricia, o por inmoralidad — cualesquiera sean tus pecados y transgresiones, ve determinado y decide en la Gracia de Dios que romperás inmediatamente con ellos. Abandónalos sin demora. Vuélveles la espalda con la ayuda de Dios, durante el resto de tus días. Échalos fuera de ti, porque son como serpiente que te muerde hasta morir. Sácalos fuera de ti, porque son como madera inútil que hundirá tu barco hasta destruirte. Despójate de todo peso de tu pecado que te acosa y envuelve (Hebreos 12:1). Ya déjalos. Aléjate de ellos. Rompe con ellos. Con la ayuda de Dios, resuelve eso de forma que no peques más.

Creo que es posible, sin embargo, que alguno que lea esto se avergüence del arrepentimiento. Te exhorto a que eches fuera tal vergüenza para siempre. Nunca debes avergonzarte de haberte arrepentido hacia Dios. Puedes estar avergonzado de tus pecados. Una persona puede estar avergonzada de mentir, de perjurar, del vicio del alcohol, del vicio en los juegos de azar, de su inmoralidad; pero de arrepentirse, de orar, de su fe en Cristo, de buscar a Dios, de cuidar de su alma — nunca, nunca, mientras vivas — nunca te avergüences de cosas como estas.

Recuerdo que hace mucho tiempo aprendí algo que me dio una idea de lo que el hombre debe temer. Estaba asistiendo a un hombre moribundo que había sido sargento de la milicia. Había arruinado su salud embriagándose con licor. No le había importado su alma y la descuidó. Me dijo en su lecho de muerte que cuando comenzó a orar por primera vez, se sentía muy avergonzado de que su esposa lo supiera, por lo que se quitaba los zapatos y andaba en calcetines mientras subía a orar para que su esposa no supiera en qué estaba utilizando su tiempo. ¡Me temo que como él hay muchas personas! No seas uno de ellos. Sea lo que sea de lo que te avergüences, nunca te avergüences de buscar a Dios.

Creo que es muy posible que algunos lectores sientan temor a arrepentirse. Piensas que eres tan malo e indigno que Cristo no te querrá. Insisto una vez más diciendo que eches fuera de ti todos tus temores para siempre. Nunca, jamás tengas temor de arrepentirte. La Gracia del Señor Jesucristo es abundante. El no quebrará la caña cascada ni el pabilo humeante (Mateo 12:20). No tengas temor de acercarte a Él. Hay un confesionario listo para ti. No necesitas de uno hecho por mano de hombre. El trono de la Gracia es el verdadero confesionario. Hay un Sacerdote esperándote. No necesitas de algún hombre ordenado — ni de sacerdote, ni de obispo, ni de ministro — que se pare entre tú y Dios. El Señor Jesús es el verdadero Sumo Sacerdote. No hay ninguno más sabio y amoroso que Él. Nadie excepto Él puede darte total absolución de tus pecados y enviarte con tu corazón liviano en perfecta paz. ¡Oh, acepta esta invitación que te estoy brindando! No temas a nada.

Cristo no es *un hombre austero* (Lucas 19:21). Él no desprecia a nadie (Job 36:5). Levántate y corre hacia Él. Ve a Cristo y arrepiéntete ahora sin demora.

Mi última palabra de aplicación será de exhortación para todos los que conocen la experiencia del arrepentimiento. Me dirijo a todos aquellos que han tenido, por la Gracia de Dios, conocimiento de sus pecados, los afligidos por sus pecados, los que confesaron sus pecados y han rendido sus pecados ante la sangre de Jesucristo para hallar paz. Les digo: "¡Continúen en su arrepentimiento!" Permitan que sea un hábito mental que ejerzan hasta el último día de sus vidas. Mantengan ese fuego eterno sin apagarse o extinguirse. Si amas tu vida, mantén tu arrepentimiento.

No quiero que hagan del arrepentimiento un ídolo de salvación, ni tampoco que lo conviertan en una atadura para sus almas. No les pido que mediante el arrepentimiento midan el grado de su justificación o que piensen que sus pecados no son perdonados por un arrepentimiento imperfecto. La justificación es una cosa, y el arrepentimiento es otra. No confundan estas dos porque son diferentes. Es solo mediante la fe que somos justificados. Esa sola fe que se aferra a Cristo, pero deben vigilar celosamente su arrepentimiento. Avancen. Sigan y no permitan que la llama eterna se apague.

Siempre que halles que tu alma retrocede o cae — cuando sea que te sientas en baja, perezoso, pesado, frío y descuidado acerca de tus pequeños pecados — indaga en tu propio corazón y ten cuidado de no caer (1 Corintios 10:12). Dile a tu alma, "Oh, alma mía, ¿qué estás haciendo? ¿Has olvidado cómo cayó el Rey

David? ¿Has olvidado la forma en que Pedro falló? ¿Ya olvidaste las miserables consecuencias que tuvo David? ¿No recuerdas las lágrimas amargas derramadas por Pedro? Despierta, alma mía. Sacúdete una vez más." Usa combustible, y haz que la llama eterna alumbre brillante. Regresa otra vez a Dios. Permite que tu arrepentimiento sea activo y vivo una vez más. Deja que tu arrepentimiento se arrepienta otra vez. ¡Los mejores días del cristiano son muy cortos cuando no se esfuerza por arrepentirse!

Mantén tu arrepentimiento hasta el último día de tu vida. Siempre habrá pecados que lamentar y faltas que confesar. Llévalas diariamente al Señor Jesucristo, y obtén de Él la provisión diaria de misericordia y gracia. Confiesa tus pecados ante el gran Sumo Sacerdote, y recibe diariamente la absolución de tus iniquidades. Aliméntate diariamente del Cordero Pascual pero no olvides que se lo acompañaba con hierbas amargas (Éxodo 12:8).

"Señor", le dijo un joven a Philip Henry, "¿Cúanto tiempo debe seguir arrepintiéndose una persona?". El viejo Philip Henry le contestó: "Señor, espero llevar mi arrepentimiento hasta las mismas puertas del cielo. Cada día descubro que soy pecador, y cada día necesito arrepentirme. Mi intención es llevar mi arrepentimiento, con la ayuda de Dios, hasta las mismas puertas del cielo."

Espero que esta sea nuestra creencia y nuestra práctica — ¡su teología y mi teología! ¡Que el arrepentimiento hacia Dios y la Fe en nuestro Señor Jesucristo (Hechos 20:21) sean los dos grandes pilares ante el templo de nuestra religión (2 Crónicas 3:17), las piedras angulares de nuestro sistema cristiano! ¡Que éstas dos nunca se separen! ¡Que nosotros, mientras nos arrepentimos, creamos; y mientras creemos, nos arrepintamos! ¡Que el arrepentimiento y la fe, la fe y el arrepentimiento, sean siempre lo primero y lo más importante, que sean los artículos principales en el credo de nuestras almas!

J. C. Ryle - Una breve Biografía

John Charles Ryle nació el 10 de mayo de 1816 en el seno de una familia rica, acomodada y parte de la élite social, siendo el primogénito de John Charles, banquero, y su esposa Susanna (Wirksworth) Ryle. Como primogénito, John llevaba una vida privilegiada y estaba destinado a heredar todo el patrimonio de su padre y a hacer carrera en el Parlamento. Su futuro prometía ser planificado y cómodo, sin necesidades materiales.

J. C. Ryle asistió a una escuela privada y luego obtuvo becas académicas para Eton (1828) y la Universidad de Oxford (1834), pero también destacó en los deportes.

Destacó especialmente en el remo y el cricket. Aunque su dedicación a los deportes duró poco, Ryle afirmó que le dieron dotes de liderazgo. "Me dieron poder de mando, de gestión, de organización y de dirección, de ver las capacidades de los hombres y de utilizar a cada uno en el puesto para el que era más adecuado, de soportar y de ser tolerante, de mantener a los hombres a mi alrededor de buen humor, son cualidades que he encontrado de infinita utilidad en muchas ocasiones en la vida, aunque en asuntos muy diferentes".

En 1837, antes de graduarse, Ryle contrajo una grave infección en el pecho, que le hizo recurrir a la Biblia y a la oración por primera vez en más de catorce años. Un domingo entró en la iglesia a última hora mientras se leía Efesios 2:8, lentamente, frase a frase. John sintió que el Señor le hablaba personalmente, y afirma haberse convertido en ese momento a través de la Palabra sin ningún comentario o sermón.

En su biografía está escrito: "Quedó convencido, se convirtió, y desde ese momento hasta la última sílaba registrada de esta vida, no hubo duda alguna en la mente de John de que la Palabra de Dios era viva y poderosa, más afilada que cualquier espada de dos filos".

Después de graduarse en Oxford, John fue a Londres a estudiar derecho para su carrera política, pero en 1841, el banco de su padre quebró. Ese fue el fin de la carrera política, ya que no tenía financiamiento para continuar.

En años posteriores, John escribiría: "Nos levantamos una mañana de verano con todo el mundo por delante, como siempre, y nos fuimos a la cama esa misma noche total y completamente arruinados". Las consecuencias inmediatas fueron amargas y dolorosas en extremo, y humillantes en grado sumo".

Y en otro momento, dijo: "El hecho es que no hubo nadie de la familia a quien le afectara más que a mí. Mi padre y mi madre ya no eran jóvenes y estaban ya en la etapa final de adultos de la vida; mis hermanos y hermanas, por supuesto, nunca esperaron vivir en Henbury (la casa familiar) y, naturalmente, nunca pensaron en ese lugar como su casa después de cierto tiempo. Yo, por el contrario, como hijo mayor, de veinticinco años, con todo el mundo por delante, lo perdí todo, y vi todo el futuro de mi vida puesto patas arriba y sumido en la confusión."

Después de pasar de la abundancia a la ruina financiera, Ryle pasó a ser un hombre común, todo en un día. Por primera vez en su vida, necesitaba un trabajo. Su educación le capacitaba para el clero, así que con su título de Oxford, fue ordenado pastor y entró en el ministerio de la Iglesia de Inglaterra. Su primer destino en el ministerio fue Exbury, en Hampshire, pero era una zona rural plagada de enfermedades. Su recurrente infección pulmonar le hizo pasar un par de años difíciles hasta que fue trasladado a Santo Tomás en Winchester. Con su presencia imponente, sus principios apasionados y su cálida disposición, la congregación de John creció tanto y fue tan fuerte que necesitó diferentes alojamientos.

Ryle aceptó entonces un puesto en Helmington, Suffolk, donde tuvo mucho tiempo para leer a teólogos como Wesley, Bunyan, Knox, Calvino y Lutero. Fue contemporáneo de Charles Spurgeon, Dwight Moody, George Mueller y Hudson Taylor. Vivió en la época de Dickens, Darwin y la Guerra Civil estadounidense. Todo esto influyó en la comprensión y la teología de Ryle.

Su carrera de escritor comenzó a partir de la tragedia del puente colgante de Great Yarmouth. El 9 de mayo de 1845, una gran multitud se reunió para los festejos oficiales de la gran inauguración del puente, pero este se derrumbó y más de cien personas se precipitaron al agua y se ahogaron. El incidente conmocionó a todo el país, pero llevó a Ryle a escribir su primer tratado. Habló de las incertidumbres de la vida y de la provisión segura de salvación de Dios a través de Jesucristo. Se vendieron miles de ejemplares.

Ese mismo año, se casó con Matilda Plumptre, pero ella murió después de sólo dos años, dejándole con una hija pequeña. En 1850, se casó con Jessie Walker, pero ella tenía una enfermedad persistente, lo que hizo que Ryle cuidara de ella y de su creciente familia (tres hijos y otra hija) durante diez años hasta que ella murió. En 1861, fue trasladado a Stradbroke, Suffolk, donde se casó con Henrietta Clowes.

Stradbroke, en Suffolk, fue la última congregación donde estuvo Ryle, y allí se hizo famoso por su predicación directa y su evangelismo. Además de viajar y predicar, se dedicó a escribir. Escribió más de 300 folletos, tratados y libros. Entre sus libros se encuentran Reflexiones Expositivas sobre los Evangelios *[Expository Thoughts on the Gospels]* (7 volúmenes, 1856-1869), Principios para los Hombres de Iglesia *[Principles for Churchmen]* (1884), Verdades del Hogar, Nudos

Desatados, Sendas Antiguas y Santidad *[Home Truths, Knots Untied, Old Paths and Holiness]*.

Su obra Líderes cristianos del siglo XVIII *[Christian Leaders of the Eighteenth Century]* (1869) se describe como una obra con "frases cortas y concisas, una lógica convincente y una penetrante visión del poder espiritual". Este parece ser el caso de la mayoría de sus escritos, ya que predicaba y escribía con cinco directrices principales: (1) Visión clara del tema, (2) Palabras sencillas, (3) Estilo de composición simple, (4) Lenguaje Directo, y (5) Uso de muchas anécdotas e ilustraciones.

En todo su éxito con la escritura, utilizó los derechos de autor para pagar las deudas de su padre. Es posible que se sintiera en deuda con esa ruina financiera, pues dijo: "No tengo la menor duda de que todo fue para bien. Si no me hubiera arruinado, nunca habría sido clérigo, nunca habría predicado un sermón, ni escrito un tratado o un libro".

A pesar de todas las pruebas que Ryle experimentó -la ruina financiera, la pérdida de tres esposas, su propia mala salud, entre otras- aprendió varias lecciones de vida. En primer lugar, cuida y atiende a tu propia familia. En segundo lugar, nadar a contracorriente cuando sea necesario: Fue evangélico antes de que fuera popular serlo y se aferró a los principios de las Escrituras: la justificación sólo por la fe, la expiación sustitutiva, la Trinidad y la predicación del Evangelio. En tercer lugar, es necesario modelar las actitudes cristianas hacia los oponentes. En cuarto lugar, las ventajas de aprender y comprender la historia de la Iglesia. Las generaciones pasadas aportan importantes beneficios.

Quinto, continuar sirviendo en la vejez; "muera en el arnés". Y, sexto, persevera en tus pruebas.

Estos fueron principios de vida que Ryle aprendió al vivir su vida, al predicar, al escribir y al difundir el evangelio. Siempre fue partidario del evangelismo y crítico del ritualismo.

J. C. Ryle fue recomendado por el primer ministro Benjamin Disraeli para ser obispo de Liverpool en 1880, donde trabajó para construir iglesias y salas de misión para llegar a toda la ciudad. Se retiró en 1900 a la edad de 83 años y murió ese mismo año. Su sucesor lo describió como "un hombre de granito con un corazón de niño".

G. C. B. Davies dijo que "una presencia imponente y la defensa intrépida de sus principios se combinaban con una actitud amable y comprensiva en todas sus relaciones personales."

Recursos:

William P. Farley, "J. C. Ryle: A 19th-century Evangelical," *Enrichment Journal,* http://enrichmentjournal.ag.org/200604/200604_120_jcryle.cfm.

"J. C. Ryle," *The Banner of Truth,* https://banneroftruth.org/us/about/banner-authors/j-c-ryle/.

"J. C. Ryle," *Theopedia,* https://www.theopedia.com/john-charles-ryle.

David Holloway, "J. C. Ryle – The Man, The Minister and The Missionary," *Bible Bulletin Board,* http://www.biblebb.com/files/ryle/j_c_ryle.htm.

También Por Aneko Press

ANEKO
PRESS

Cómo Estudiar la Biblia,
por Dwight L. Moody

Este libro clásico de Dwight L. Moody trae a la luz la necesidad de estudiar las Escrituras, presenta métodos que ayudan a estimular el entusiasmo por las Escrituras, y ofrece herramientas para ayudarte a comprender los pasajes difíciles de las Escrituras. Para vivir una vida cristiana victoriosa, debes leer y entender lo que Dios te dice. Moody es un maestro en el uso de historias para ilustrar lo que está diciendo, y a través de estas páginas, tú serás inspirado y convencido a buscar la verdad en las páginas de la Palabra de Dios.

Disponible donde se venden libros.

Jesús Vino Para Salvar a los Pecadores,
por Charles H. Spurgeon

Jesús vino a salvar a Pecadores es una conversación de corazón a corazón con el lector. A través de sus páginas, se examina y se trata debidamente cada excusa, cada razón y cada obstáculo para no aceptar a Cristo. Si crees que eres demasiado malo, o si tal vez eres realmente malo y pecas abiertamente o a puerta cerrada, descubrirás que la vida en Cristo también es para ti. Puedes rechazar el mensaje de salvación por la fe, o puedes elegir vivir una vida de pecado después de decir que profesas la fe en Cristo, pero no puedes cambiar la verdad de Dios tal como es, ni para ti ni para los demás. Este libro te lleva al punto de decisión, te corresponde a ti y a tu familia abrazar la verdad, reclamarla como propia y ser genuinamente liberado para ahora y para la eternidad. Ven, y abraza este regalo gratuito de Dios, y vive una vida victoriosa para Él.

Disponible donde se venden libros.

La Vida Vencedora,
por Dwight L. Moody

Vence a tu mayor enemigo: tú mismo

¿Eres de los que vencen? ¿O hay pequeños pecados que te acosan y te derrotan? O peor, ¿fallas en tu anduviera cristiano porque te niegas a admitirlos y ocuparte de ellos? Ningún cristiano puede darse el lujo de desoír el llamado a vencer. El costo terrenal es menor. Pero la recompensa eterna es inconmensurable.

Dwight L. Moody es un maestro en esto de desenterrar lo que nos perturba. Utiliza relatos y sentido del humor para sacar a la luz los principios esenciales de la vida cristiana exitosa. Nos muestra cada uno de los aspectos de la victoria desde un ángulo práctico y fácil de entender. La solución que Moody presenta para nuestros problemas no es la religión, ni las reglas, ni las correcciones externas. Más bien, nos lleva al corazón del asunto y prescribe remedios bíblicos, dados por Dios, para la vida de todo cristiano. Prepárate para vivir en auténtica victoria en el presente, y en el gozo para la eternidad.

Disponible donde se venden libros.

La Oración que Prevalece,
por Dwight L. Moody

Este libro es un estudio exhaustivo sobre el tema de la oración, y le mostrará al lector que hay nueve elementos que son esenciales para la verdadera oración. Estos elementos son los siguientes:

1. Adoración
2. Confesión
3. Restitución
4. Acción de gracias
5. Perdón
6. Unidad
7. Fe
8. Petición
9. Sumisión

Disponible donde se venden libros.

El Deber de los Padres, por J. C. Ryle

En Los deberes de los padres, J. C. Ryle presenta diecisiete responsabilidades sencillas y a la vez profundas de los padres cristianos. No hay nada nuevo en este pequeño volumen, pero lo que se presenta tiene el potencial de cambiar las generaciones futuras tanto ahora como para la eternidad. Aprenda a pastorear a sus hijos; aprenda a utilizar la clave más significativa de todas: el amor; y aprenda, ante todo, a presentar y representar a Cristo ante sus hijos. A medida que lea este libro, se encontrará desafiado y entusiasmado para comenzar una relación maravillosa, apropiada y creciente con el regalo más maravilloso que Dios puede darnos en nuestra vida: nuestros queridos hijos.

Disponible donde se venden libros.

Siguiendo a Cristo,
por Charles H. Spurgeon

No puedes tener a Cristo si no le sirves. Si aceptas a Cristo, debes aceptarlo en todas sus cualidades. No debes aceptarlo simplemente como un amigo, sino que también debes aceptarlo como tu Maestro. Si vas a convertirte en Su discípulo, también debes convertirte en Su siervo. Que Dios no permita que nadie luche contra esta verdad. Servir a nuestro Señor es ciertamente una de nuestras mayores delicias en la tierra, y ésta será nuestra gozosa vocación incluso en el mismo cielo: *Sus siervos le servirán. Ellos verán su rostro* (Apocalipsis 22:3-4).

Disponible donde se venden libros.

Made in the USA
Columbia, SC
13 March 2025